JK 12
643

935

1474

OBSERVATIONS CRITIQUES

SUR LA LIQUIDATION DE

L'INDEMNITÉ DES COLONS

DE SAINT - DOMINGUE,

PAR UN ANCIEN COLON.

PRIX : 75 CENT.

Paris,

CHEZ PONTHIEU, LIBRAIRE,

PALAIS-ROYAL.

—

1828.

LK 643

NOTE PRÉLIMINAIRE.

L'exposé des motifs du projet de loi relatif à l'indemnité à accorder aux anciens colons de Saint-Domingue, présenté par Son Excellence le ministre des finances dans la séance du 11 février 1826, à la chambre des députés, disait textuellement : « Le sort de Saint-Domingue a été fixé par l'ordon-« nance royale du 17 avril dernier. Cette ordonnance sti-« pule des avantages commerciaux pour la France, et le « paiement de 150 millions d'indemnité aux anciens colons ; « en même temps elle concède aux habitants actuels de cette « île l'indépendance de leur gouvernement !

« Le roi a usé du droit qui lui appartient de faire les « traités et ordonnances nécessaires à la sûreté de l'état. « L'acte souverain du 17 avril a lié la France à l'égard des « habitants de Saint-Domingue, *comme elle a obligé ceux-* « *ci à l'exécution des conditions qui sont le prix de la con-* « *cession qui leur est faite.*

« Si l'on pouvait contester l'inviolabilité de semblables « engagements contractés par le gouvernement du roi, il « n'y aurait plus de traité possible.....

« Mais à côté de cette inviolabilité des engagements du « souverain se trouve placée *la responsabilité ministérielle,*

« *pour garantir que les intérêts du pays ne seront jamais*
« *sacrifiés dans de pareilles transactions.* »

A la page 7 et 8 du même exposé, Son Excellence ajoute :
« La liquidation et la répartition de l'indemnité sont confiés
« à une commission divisée en trois sections..... Cette com-
« mission, ainsi constituée, fixera, d'après les actes et les do-
« cuments produits devant elle, et même *par voie d'enquête*
« *s'il y a lieu, la valeur qu'avaient en* 1789 *les immeu-*
« *bles donnant lieu aux réclamations.* L'indemnité sera
« fixée provisoirement *au dixième de leur valeur.* »

Les observations renfermées dans les notes qui suivent
prouveront jusqu'à l'évidence si le ministre trompait la
chambre, ou s'il se trompait lui-même.

Quels sont les résultats de la garantie du gouvernement
promise si pompeusement par Son Excellence le ministre des
finances ?

Les stipulations et les engagements *inviolables* sont-ils
remplis ? Le commerce a-t-il trouvé des avantages dans la
transaction qui promettait ne devoir *jamais sacrifier les*
intérêts du pays? Les indemnisés reçoivent-ils le dixième
de la valeur réelle de leurs propriétés en 1789 ? La commission opère-t-elle sur les bases promises ? Ce sont les questions que nous allons examiner.

OBSERVATIONS CRITIQUES

SUR LA LIQUIDATION

DE L'INDEMNITÉ DES COLONS

DE SAINT-DOMINGUE,

PAR UN ANCIEN COLON.

Les dernières paroles de la session de 1827 prononcées par l'honorable député M. Hyde de Neuville furent une interpellation au président du conseil des ministres pour qu'il donnât des explications sur l'inconcevable affaire de Saint-Domingue. Le ministre se tut, et la session fut close !

Cependant soixante millions sont arriérés !! le gouvernement d'Haïti ne veut ni ne peut les payer, pas plus que les termes à échoir.

Ainsi s'évanouissent les espérances données par un ministre du roi, les illusions de l'inexplicable loi du 30 avril 1826, et qui n'aura laissé que des déceptions, qui auront sanctifié la révolte, consacré l'émancipation de Saint-Domingue, et violé l'art. 9 de la charte !

Cette loi porte déjà ses fruits ! Le traité n'est point accompli ; *mais la responsabilité ministérielle reste tout entière !*

En attendant, une commission composée de vingt-sept membres, à douze mille francs par an pour chacun, décide arbitrairement de la valeur de propriétés qu'elle ne connaît pas, et que par conséquent elle ne peut apprécier.

La loi du 30 avril 1826 dit que l'état et la valeur des propriétés devront être constatés à l'époque de 1789. Que fait au contraire la commission: cherchant toujours le côté faible, si elle aperçoit un bail à ferme, un acte de vente, un compte de gérant ou de procureur, etc., un titre enfin qui soit désanvatageux au propriétaire, quelle que soit son antériorité ou sa postériorité à 1789, elle s'en saisit pour motiver sa décision , sans avoir égard aux événements survenus en 1792 et 1793, qui ont occasioné la dévastation de la plus grande partie des propriétés rurales et urbaines de la colonie, et donné la liberté aux nègres.

Ces exemples, malheureusement trop fréquents dans les liquidations déjà faites, excitent de justes plaintes de la part des colons, et donnent lieu à de nombreux appels des décisions arbitrales de la commission.

Nous allons indiquer quelques unes des causes de si déplorables erreurs :

1° Les membres qui composent la commission, ne possédant aucune des connaissances locales nécessaires pour juger sciemment dans l'importante et délicate mission qui leur est confiée, se trompent nécessairement.

2° L'ordonnance du 9 mai 1826, qui nomme les membres de cette commission, semble en avoir exclu tout colon ayant habité long-temps cette infortunée colonie; et pourtant ils eussent été d'une grande utilité pour éclairer les décisions à prendre sur les réclamations, et pour en apprécier le mérite.

3° La voie d'enquête, laissée à l'arbitraire de la commission, présente dans son exécution des difficultés insurmontables, en exigeant pour témoins trois colons au moins, et plus si elle le veut, sous peine, pour le propriétaire qui ne peut les produire, de se voir déchu de ses prétentions et droits. La commission devrait savoir que, la mort enlevant avec une rapidité affligeante les anciens colons, il devient difficile, pour ne pas dire impossible, de trouver ces témoins.

4° Les différentes séries de questions (pour la plupart insidieuses) posées par la commission ne sont qu'une preuve évidente de son ignorance complète des localités. Elle demande au témoin ce qu'il a fait à Saint-Domingue pendant son séjour dans la colonie, et comment il a connu la propriété sur laquelle il est interrogé; quelles ont été ses relations avec le propriétaire; s'il y a long-temps qu'il ne l'a vu, et à quelle époque pour la dernière fois; quelle était l'extension de sa propriété; combien il y avait de carreaux de terre en bois debout, combien en culture, combien en vivres, combien de pieds de café ou de coton, et à quelle distance ils étaient plantés; quel âge ils avaient; combien de pieds de coton donnaient du coton blanc, combien de pieds donnaient du coton jaune; *s'il a été au service du réclamant.* Ces questions, qui placent les colons interrogés sur la sellette des prévenus, pendant plusieurs heures, sans égard pour leur âge ou leurs infirmités, et décèlent l'ignorance des mœurs et des usages de la colonie, ne peuvent être répondues que par un sourire de pitié: car le bon sens et la raison disent qu'un colon peut bien avoir connu la propriété *de M. tel,* pour l'avoir vue souvent ou quelquefois, sans pour cela être en état de répondre sur des détails qui importaient au propriétaire seul. Tout au plus il peut déclarer l'approximation des produits, du nombre des nègres, des batiments et usines, et que *les blancs n'étaient point au service des blancs, dans la véritable acception.*

5° La commission, si défiante dans l'audition des témoins et si vacillante dans ses moyens d'exécution, se trompe étrangement en n'accordant pas une confiance entière aux déclarations des anciens colons entendus comme témoins, puisqu'il est de leur intérêt personnel de ne point déguiser la vérité.

6° La commission tombe encore dans une erreur plus grande en voulant établir des termes moyens pour les produits des différentes cultures à Saint-Domingue, par exemple en estimant le produit annuel du cafier à un tiers de livre, tandis qu'il y en avait, pour le plus grand nombre, qui produisaient de 2 à 3 livres, surtout dans les terrains élevés, et que, plus rapprochés des bords de la mer, ils ne produisaient pas moins d'une livre et demie. Nous nous en rapportons sur cela au témoignage de M. Flanet, le seul des membres de la commission qui ait habité long-temps St-Domingue, ayant été lui-même propriétaire d'une cafeyère.

D'où peut donc provenir ce système de dépréciation? Les lenteurs étonnantes et les difficultés sans nombre que le ministère apporte dans l'expédition des demandes auraient-elles pour objet de fatiguer les colons, et d'attendre ainsi que la loi de la nature le débarrasse de leurs réclamations? Dans ce cas son attente ne serait pas de longue durée, puisque le plus jeune des anciens colons n'a pas moins de soixante ans.

Nous pensons avec raison que c'étaient là les explications que l'honorable député M. Hyde de Neuville désirait obtenir de S. Exc. le ministre des finances, qui n'y a répondu que par son silence.

Il est encore d'autres considérations graves, et que la France doit connaître. D'abord, d'où vient cette éviction totale des anciens colons dans la discussion de leurs propres intérêts, lorsqu'eux seuls étaient capables de répandre la vraie lumière sur la justice et la valeur des réclamations? Le ministre aurait-il craint les lumières d'une classe instruite par une longue et pénible expérience? Nous ne le pensons pas; mais pourtant, si le ministre n'eût pas craint le résultat des connaissances locales, il n'aurait pas hésité à adjoindre aux membres de la commission un nombre de colons choisis parmi les plus anciens habitants et gérants; il les aurait formés en bureaux consultatifs, et les aurait affectés à chacune des trois sections de la commission selon les lieux qu'ils auraient habités dans la colonie. Alors une grande partie du monstrueux arbitraire qui pèse si déplorablement sur les réclamants eût disparu, et justice se fût faite.

Nous allons présenter encore d'autres considérations dont la gravité ne le cède point aux premières. D'abord, le nombre des réclamations peut s'élever à environ 15,000, tant urbaines que rurales. Réduisons-les à 9,000 réelles.

Combien la commission a-t-elle fait de liquidations depuis plus de dix-huit mois qu'elle est installée? 700, tout au plus; et dans ce nombre un tiers au moins ayant donné lieu à des appels, il n'en reste que peu d'effectives. Supposons maintenant que le travail, au moyen de MM. les fonctionnaires requis pour entendre les enquêtes, soit accéléré, et que deux décisions soient prises par jour: sur ce pied la liquidation serait à peine terminée dans quinze ans. Or, le plus jeune des anciens colons ayant, comme nous l'avons déjà dit, au moins soixante ans, est-il probable qu'il en puisse rester beaucoup à cette époque? Non, le char funèbre des pauvres aura porté leurs dépouilles mortelles au champ du repos, et trois pieds de terre couvriront alors les malheurs dont ils auront été victimes.

Il était pourtant un moyen bien simple d'établir les bases de la liquidation de l'indemnité : tout le monde l'a conçu, et tous les colons l'espéraient. La commission provisoire chargée de recevoir les déclarations préalables aurait dû diviser son travail par catégories de culture, inscrire à chacune d'elle sur un tableau provisoire la réclamation qui lui était adressée, et lorsque le terme fatal pour la déchéance eût été arrivé, l'état eût été clos, et la répartition des *cent cinquante millions* eût été faite par catégorie au marc le franc. L'on eût procédé ensuite au classement des propriétés de chaque catégorie, et le principal de chacune de ces catégories eût été divisé par un nouveau marc le franc entre les classes relatives. C'est ainsi qu'on se fût rapproché de la justice distributive, en s'éloignant de l'arbitraire qui dirige la commission actuelle. Ce mode eût apporté de grandes économies pour l'État, et eût amélioré le sort des colons. Mais l'on dira que le classement des propriétés réclamées était impossible, ou du moins très difficile, parce qu'il y a des biens réclamés qui étaient cultivés en plusieurs espèces de culture. La réponse à cette objection est facile à faire pour qui connaît l'administration. Par exemple, pour une habitation produisant du café, du coton et de l'indigo, on eût additionné la valeur des différents produits et la moyenne proportionnelle eût indiqué la classe dans laquelle la propriété devait être placée. Ce raisonnement est d'une telle simplicité que tout le monde le comprend, et c'est ainsi que l'on opère en France pour l'estimation des propriétés rurales et urbaines.

Voilà ce qu'il convenait de faire en principe et en justice; voilà ce que l'on devait à une classe d'hommes respectables par l'étendue de leurs malheurs, et que l'on a abandonnés à toutes les conséquences de leur position.

Après tant de vérités incontestables, il convient d'examiner la question des stipulations sous les rapports d'intérêt, et d'en déduire les conséquences.

1° En traitant mystérieusement pour cent cinquante millions, on a été bien au-dessous de la valeur réelle des biens en 1789, puisqu'il est notoire qu'à cette époque la colonie produisait au moins 450 millions de revenu! ce qui peut être prouvé mathématiquement, et contradictoirement avec les états produits à la commission par M. Barbé de Marbois. Il ne peut ignorer que les consommations des produits de la colonie étaient énormes dans la colonie même, que le commerce interlope enlevait une grande quantité de denrées qui partaient des embarcadaires sans déclaration. Il n'ignore pas davantage les nombreuses dissimulations faites sur une déclaration du nombre des esclaves, qui depuis 89 jusqu'en 93 s'était augmenté d'au moins 60 mille, employés à des établissements nouveaux, qui ont prospéré, et qui n'ont pu figurer aux états de M. l'intendant de la colonie.

Mais la commission ayant adopté pour base ces états incomplets, la quotité des produits ne peut être connue, et l'art. 6 de la loi du 30 avril 1826 ne recevra qu'une fausse application.

S'il est constant que la colonie produisait 450 millions de revenu en 1789, en multipliant ce produit par dix, nous aurons nécessairement pour valeur réelle quatre milliards cinq cent millions : or 150 millions forment-ils le dixième de quatre milliards et demi?

2° Suivant les stipulations de la loi du 30 avril 1826, ces

150 millions doivent être payés par le gouvernement d'Haïti en cinq termes égaux, à partir du 31 décembre 1826, et ainsi d'année en année jusqu'à complément de cette somme. Le premier est effectué, mais les deux autres retardataires arriveront-ils, et porteront-ils l'intérêt légal d'un retard qui enfreint si positivement les conventions du traité ? Il nous semble que la conséquence de cette infraction doit nécessairement remettre les parties contractantes dans l'état où elles étaient avant la conclusion du traité ; et cette même conséquence est si naturelle que S. Exc. le ministre des finances l'a sentie, et que l'honneur du gouvernement français s'y rattache.

C'est ici le cas de rappeler au public les propres paroles de S. Exc., prononcées à la tribune lors de la discussion de la loi du 30 avril 1826. Répondant à des orateurs qui, craignant avec raison l'inexécution des promesses haïtiennes, demandaient que le gouvernement garantît l'exécution du traité, le ministre dit « qu'il n'entrerait jamais dans la pen- « sée du gouvernement de donner une telle garantie, que « sur cela la chambre devait se confier en la sollicitude « royale ». (1)

Certes, ce n'est pas élever un doute sur la sollicitude royale que de demander à des ministres *responsables* la garantie des traités qu'ils ont faits au nom du gouvernement !

Cette déclaration du ministre des finances, renouvelée dans sa gazette, était-elle propre à porter la confiance dans l'âme des colons, qui savaient très bien que le traité ne pouvait être exécuté par le gouvernement d'Haïti ? Elle y a au contraire porté la douleur et le désespoir ! Les colons ne se

____

(1) Il y avait déception, d'après l'article de la *Gazette de France* du 15 ou 16 décembre dernier, qui a été victorieusement refuté dans la *Quotidienne* du 18 suivant.

trompaient pas dans leurs prévisions! Les faits sont là, et ils parlent trop haut pour qu'on puisse les démentir.

Mais supposons que le Roi, dans son inépuisable bonté, pénétré de la justice qu'il doit à ses peuples, propose aux chambres de voter les fonds nécessaires à l'accomplissement de la loi du 30 avril 1826. Si les chambres adoptent la proposition, les craintes des colons auront été chimériques; mais cela n'empêchera pas que l'assertion du ministre était au moins très aventureuse : car les chambres peuvent refuser, et le Roi, malgré sa volonté bienveillante, pourra-t-il prendre sur sa cassette ou sa liste civile les 120 millions restant dus par Haïti? Ce sacrifice énorme étant impossible, il ne resterait aux infortunés colons que le désespoir et la mort!

Ce n'est pas assez que la commission d'indemnité se livre à un arbitraire sans bornes, il était réservé aux colons de se voir abreuvés de dégoûts. Un exemple va le démontrer :

Nous supposons qu'une liquidation a été opérée en faveur de Pierre Dupuis, et que le 1er cinquième est de 4,000 fr.

Pierre Dupuis, porteur de son titre de liquidation, se présente à la caisse des dépôts et consignations pour toucher son premier cinquième, avec la confiance qu'il ne peut éprouver ni retard ni obstacle.

Mais il faut un visa de non-opposition pour recevoir, et il apprend qu'il y a une opposition sur le sieur Dupuis.

Il répond qu'il ne doit rien; qu'il a connu plusieurs personnes de son nom à Saint-Domingue, qu'il s'appelle Pierre, et qu'on ne lui a dénoncé aucune opposition comme le veut la loi.

C'est égal, lui réplique-t-on, une opposition frappe sur Dupuis, à la requête de...... Allez trouver l'huissier qui l'a signifiée, et arrangez-vous pour qu'elle soit levée : sans cette formalité, vous ne pouvez recevoir.

Pierre Dupuis est donc obligé à des démarches. Enfin il parvient à prouver que sa liquidation est faite sous ce nom, et l'on reconnaît que l'opposition est faite sur *Michel,* et que, par conséquent, il y a lieu de donner mainlevée. Mais ce n'est pas tout : il faut que l'huissier voie son client, qui, malgré l'évidence, hésite souvent, au point de forcer la partie injustement saisie à se pourvoir en justice et à obtenir jugement de mainlevée.

Si l'opposant ne lève pas ces difficultés, et donne pouvoir à l'huissier pour cette mainlevée, celui-ci ne fera rien que la partie injustement saisie ne lui paie ses vacations. Qu'il y ait maintenant plusieurs oppositions de cette nature, à la requête de divers, et par le ministère de différents huissiers, sur le même *Michel Dupuis*, où s'arrêteront les retards, les démarches et les faux frais !

Toute opposition ne devrait être reçue qu'autant qu'il serait reconnu qu'elle est bien assise, et qu'elle désigne d'une manière précise les nom et prénoms de la partie saisie.

Ces observations ne montrent, pour les colons résidant à Paris, que l'inconvénient de démarches et de faux frais : que penser de la position des colons habitant les départements ?

Un bruit qui s'accrédite semble indiquer que les lenteurs et les délais apportés par la commission pour la liquidation des réclamations, par voie d'enquête, auraient pour motif de fare contrôler les déclarations de s témoins déjà entendus et de former ainsi une contre-enquête.

Sans ajouter positivement foi à ce bruit, nous allons rechercher et indiquer les conséquences qui résulteraient de l'adoption d'un pareil projet.

D'abord, comment et par qui ce contrôle serait-il exercé? Serait-ce par les sections réunies? Les membres qui les composent n'ont ni vu ni connu les propriétés soumises à ce contrôle.

Requerra-t-on un nouveau témoignage des colons déjà entendus, dans l'espoir de trouver après un certain laps de temps leur mémoire en défaut. Ce nouvel interrogatoire inquisitorial ne produirait encore aucun résultat, parce que les colons rappelés devront nécessairement se référer à la première déclaration qu'ils ont faite et scellée du serment, ne fût ce que pour éviter les nouvelle tortures qu'ils ont déjà subies pendant quatre ou cinq heures.

Nous terminerons ces réflexions par un fait notoire et sans réplique.

Dans le quartier du Dondon, partie du nord, une habitation cafeyère, soumise à l'enquête, est liquidée ; cinq témoins sont entendus, dont quatre étaient voisins et connaissaient cette propriété, qu'ils ont évaluée à environ quatre-vingts milliers de café ; le cinquième déclare qu'il n'est jamais allé dans la colonie, et qu'il ne connaît pas cette habitation, mais qu'il se rappelle avoir entendu dire, il y a long-temps, par une dame qui la connaissait, qu'elle avait trente et quelques nègres, et ne produisait que trente milliers de café.

Le commissaire du Roi, dans son rapport, récuse les quatre vrais colons, dans un considérant, déclare que la déposition du cinquième témoin, bien qu'il n'ait jamais été à Saint-Domingue, et qu'il ne connaisse pas la propriété en réclamation, doit être la plus véridique, et il conclut à ce que cette habitation soit liquidée, sur le dire de l'ignorant témoin, à moins de la moitié de sa valeur.

Nous pourrions ajouter beaucoup d'exemples à celui-ci ; mais nous nous bornerons, pour cette fois, à rapporter le suivant, sauf à révéler les autres en temps opportun.

La belle habitation Beaucamp, cafeyère située à la Montagne-Noire, paroisse du Port au-Prince, cultivée en 1789 par au moins 160 nègres, produisant environ 180 milliers de café, et pour près de cinq mille francs de roses, ce qui l'avait fait appeler l'habitation des Rosiers, ce que la notoriété publique peut attester, est liquidée à vingt mille francs, sur un inventaire fait en 1791, époque de l'insurrection. Quatre vingt-huit nègres restés sur cette habitation ont servi de base aux conclusions de M. le procureur du roi, qui n'a pas hésité à comprendre dans la somme de vingt mille francs accordée une belle et bonne maison de la ville du Port au Prince, que la même notoriété n'évalue pas moins de 55 à 60 mille francs.

Colons, confiez vous en la sollicitude des chambres, votre espoir ne sera pas trompé.

Ministres d'un Roi juste et bon, il est temps de rendre justice aux victimes d'une fidélité dont la Martinique et l'île Bourbon n'ont pas imité l'exemple.

FIN.

Imprimerie de GUIRAUDET, rue Saint-Honoré, n° 315.

www.ingramcontent.com/pod-product-compliance
Lightning Source LLC
LaVergne TN
LVHW050241030726

842520LV00006B/2131